JN410361

맷돌

맷돌

양채운 시집

계간문예

| 시인의 말 |

매일 비추어 바라본 형상들 앞에
속심으로 부여하고
주고 싶은 것 다 주고 싶었다
살펴
의식 내 감질의 모습
뜻밖에 풍경들이 번득이고 파동을 치면
나 · 나의 혼돈스런 움직임이
쏘옥 밖으로 파장을 일으킨다
그네들이 모여 짝을 이룬
그리고 아프게 슬프리만치
흐린 망막을 보다 맑고 깨끗하게
닦아 내고 있었다
또 내일 아침이 오듯이

이천십팔 년 새아침에

양 채 운

■ 목차

2부
꿈속에서

3부
사는 것은

4부
잊고 산다

5부
당신의 이름

제1부

올레길

치매

안에 내가 있을
이만치 먼 듯 손에 잡힐 듯 가까운 거리
상한 상처투성이 예수도 석가모니도 손 쓸 수 없는
어쩌지 못한 경계를 삼키며
바람에 얼룩 씻어 널어놓고
청정한 안부 환한 웃음소리에
일어서면 초점을 잃은 눈 몸으로
지치고 주름 깊어 말 더듬더듬
그 슬픈 얼굴
이제 털고 일어서면 좋으련만
몸부림 몸부림에 하나 둘 손발을 놓아버리고
내민 손 뿌리친
볼품없는 어정쩡한 사랑에
힘없이 손만 내밀고 있다

올레길-1

– 제주도에서

노을빛 가득
바다는 어느새 하늘이 되고
건져 올리는
길 따라가며
정신없이 밀려와
미처 버리지 못한
안에 나를 떨구고
바람이 주고 간 말 새기며
발자국 그 숨결 너머
또 다른 세상을 돌아서
당신에게로 갑니다
바닷소리 가슴에 싸안고
파도처럼 출렁이며
수평선 너머에

올레길-2

해는 바다로 숨고
파도 소리만
허전한 마음을 휘돌아

그리운 이름 하나
정박된
어둠 속에서
밀려오는 파도 소리에
속삭이는
당신의 소리를 듣습니다

기울여도
알 수 없는
신비의 언어로

세상 걱정일랑 없을
맑은 소리로
얘기를 하고 있는

자꾸만
가슴 출렁이는

올레길 -3

이 길로 가면
만날 것 같은
기억을 쫓아
발걸음 멈춘
그 바닷가

밀려왔다 부서지는
파도 소리에
오늘도
가슴 출렁이는
그리운 그대는 보이지 않고

저만치
추억을 헤집는
물새 소리만

비가 오는 날에

먹구름 사이로
뒤틀어 흔들어대며
하늘로 헤엄쳐 가는

숨소리마저
물결 속에 감추고는
달려든 유혹에
허우적거리며 떠내려가는 비밀을

헛디딘 발 사이로
흔들리며 숨어버린
생사生死의 기로에서
무섭게 쏟아지던

이렇게 비가 오는 날이면
개울물에 떠내려가는
어릴 적 추억들

부부

손잡고 내딛던
그 길엔
아름답게 핀 꽃이 있어

수없이 흔들리며
견뎌야 하는 오늘

평범한 일상에
씨앗을 뿌리고 싹을 틔우는
고달픈 길
서로 기대어 다독이던 세월

어느덧
주름이 하나 둘
기쁨과 슬픔의 언저리
흉터 자국
훈장처럼 매달고
오늘도 마주 보며 서있는 그대

저녁나절

어스름 녘
가슴 묻어가며 돌아가는 길
아직도 남아 있는
쓸쓸한 웃음소리

감추어도
쏜살같이 튀어나와
부끄러운 생각들 어둠 속에 숨기고

처음 끝이었을 시간 밖으로
미친 듯이
휘몰아가는 걸음

지치고 뭉개진 우리
쓸쓸한 삶의 귀퉁이에서
홍건하게
숨 죽여 끌어안아 주는
그대가 있어

시래기

늦가을
어머니는 언제나
무청을 엮어
처마 끝 바람이 지나는 곳에 매달아

짓궂은 마음 흔들고
눈발이 지나다 때리고
수없이 떨며
또 한 번 익어가는

한가득
아버지의 입맛을 돋워주던
시래기

눈이 오던 날
눈길 따라 아버지는 떠나시고

오랫동안
처마 끝 파란 바람 속
어머니의 무청은 보이지 않았다

목각인형

저녁이 내려앉은
아바나* 해변가에서
집으로 온
코 큰 목각인형

무심히 들여다본 눈길
검푸른 바다에는
소리 들려오는

욕망이 꿈틀대는
비틀어진
도톰한 입술로

세월이 남기고 간 말
아직도 그대로 안은 채
되돌아가고 싶은
그 모습
가슴으로 밀려온다

*쿠바의 수도 아바나 해변

생일날

새벽잠 떨구며 차린
맛있는 미역국을
늦잠으로 밀어놓고
서둘러 학교로 향하던
대문 앞 모퉁이에서
젖은 미소 훔치며
쓸쓸히 바라보던
어머니의 그 모습이
오늘
생일상 촛불 속에서
가늘게 떨고 있다

세상 하나

어디로 가야 하나
눈을 크게 뜨고
쏟아지는 가을 햇살 속으로
산길 돌아
들길을
이름 없는 길에 서성이다가

늘 채우려다
빈 가슴 안고 돌아온 일상
손잡아
마음 일으켜주는
어머니의 따뜻한 그 손
세상 하나뿐인

맷돌

우리네
그 모습 가슴속 다가오면
맷돌을 꺼내어
어수선한 세상을 간다

뽀얗게 흘러내리는 일상을 꿈꾸는
투명한 시간 속으로 흐르다 보면
웃음소리
그리워하던 손맛
추억도 섞이어

구수한 냄새 담을 넘고
달려들던 밥상
땀에 젖은
세월과 함께 돌고 돌아온 숨결

힘없이
초점 잃은 눈으로
바라만 보는 어머니의 앞치마

비碑 앞에는

— 대마도 덕혜옹주 비 앞에서

바다 건너
핏빛 동백 흔들리는 물결 사이로
덕혜옹주의 비碑가
쓸쓸히 서있다

드넓은 세상
운명이 가리어
영하의 몸으로 살아야만 했던

낯선 바람 속에
숨어 삼키던 눈물
외로운 섬에서
들릴 것 같은 애절한 목소리

아픔으로 얼룩진
삶을 아는지
하늘은 차갑고 푸르기만 한데
아직 한限이 남은 것일까

잠시
역사의 발자취 앞에는
향기 잃은 꽃들이
아침 햇살을 움켜쥐고 있다

새가

아침마다
창가에서 울던
작은 새가
웬일인지 오지 않는다

가늘게 토해내던 소리
어디로 사라졌는지
휑하니 비어있는 행간으로
오늘도
바람 소리만

언젠가는 다시 오겠지

가슴속 지우며
청정한
주문 하나 삼킨다

지우고 싶은

창 너머로
자꾸만 달려오는 시간들을
잠시 붙들고
헐거운 모습으로 서서

삶의 언저리
얼룩진 자리
지우고 싶은 날

시간은 가는데
퍽퍽하게 밀려와
가슴에 박힌 부끄러움
상처

투박한 일상을 심고
맑은 하늘빛 담으면
조금은 지워지려나

한 줄

누구에게도
꺼내 보이지 못한
가슴속 한 움큼 토해
종이 위에 썼다 지우며
채우지 못한
마지막 한 줄의 목소리

세상은 울고 웃으며
사는 거라고
혼자 뇌이며
일상의 아픈 자국 지우고
저문 창가에
소박한 그림을 그리는

멀리서 달빛은 흔들어대며
낯익은 헛웃음소리
다가와 사라진다

제2부

꿈속에서

꿈속에서-1

그 길을 잃었다

낯선 거리
덜컥 겁이 나
사방을 둘러보니
저만치 낯익은 치맛자락에
정겹고 반가워 뛰어가니
돌려 가버리는

매달려도 뿌리치는 손
어두운 거리
유령처럼 큰 입
눈을 부라리며 씰룩거리는 얼굴
너무 무서워
뛰고 뛰어도 그 자리에
이것이 꿈이라면

울며 잠에서 깬
어린 시절

꿈속에서 -2

저만치
아득한 절벽 끝으로
떠밀려가고 있는 환청

살아온
세상 끈 놓지 않으려
온 힘 다해 버티며
눈빛으로 부르는

잡으려 해도
풀린 발걸음은
다가가지 못하고 허우적거리는데
홀연히
어둠 속으로 사라져 버린

가슴속에 매달리는
그 눈빛
꿈속의
나와
나

산에서-1

내려온 하늘 구름
초록빛
산사에 뿌린다

뿌리 감추고
지우며
맑은 청대 타고
바스스 일어선 이승

달빛 모아 함께 춤추던 풀잎 위로
숨었던 햇살이 잠시 내려오는
오후

엉클어진 발자국 사이로
동자승
맑은 소리 구른다

산에서-2

산에는
어둠이 숨어들고
계절마다
쉴 새 없이 피어나던
이름 모를 새 생명
묻혀가는 이 가을
산기슭 내려오는 어둠을 쫓아
바람은 마음을 흔든다

이제는 물소리마저 숨어버린
작은 돌다리를 건너
무거운 마음의 짐 내던지고
돌아가는 길

산등성이 훑고 내려온 바람
뒤 따라오며
여민 옷자락 마구 흔드는

틈 사이
철 잊은 들꽃 한 송이
발길을 잡는다

겨울비

자박자박
소리에 눈을 뜬다

한겨울 흔적 지우고
추억이 스쳐갈 무렵

그대 쌓이던 길에
살며시 쏟아져 부푼 형상들이
하늘을 맴돌며
칭얼대는 소리

이 비가 그치면 봄이 오려나

긴 기다림에
촘촘하게 눈에 막힌
그리운 얼굴들

지나가는
출렁이는 몸부림

우울한 하늘에
비가 내린다

뚝뚝 떨구는 겨울비

가지치기

지난해 태풍으로
넘어졌다 일어선 나무들
무참히 잘려나간 자국

매서운 꽃샘
생채기마다 엉킨 피멍울

수없이 흔들려야
훈장처럼 상처 딱지가 떨어지는

내일이 오면
새로운 꿈들이 솟아
품 안에 노래할

세상을 가지치기한다

기도

속마음은 깊어
세월은 가고 또 가는데
버려야 할 것들
탐하여 맴돌고 맴돈
못된 바이러스
어디만큼 왔는지 모를
한복판에 수북이 쌓여
이제는 바람
하나 둘 떨구고
가을나무처럼
비우며 물들고 싶다

남강에서

촉성루*에는
저녁 그림자 내려
돌아가는 사람들 발걸음 사이로
하염없는 마음은
강물처럼
어디론지 가고 있는데

그대 사역의 한 송이 꽃 되어
한 점 바람으로

지키려 온 몸을 던진
그때를
강물은 말이 없어

한 여인의 아픈 응어리
충절의 넋
오늘도 떠나지 못하고
이 강가를
휘돌아 가고

※ 촉성루 : 임진왜란 때 논개가 일본 장수를 껴안고 강물로 뛰어든
역사적 일화가 유명한 곳

쌍계사로 가는 길

섬진강변을
푸르게 이어진

쪼개진 눈빛을
하늘로 쏘아 올리는 강물

저만치
화개장터가 얼굴을 내밀고
옛사람의 손때가
새바람에 밀려
아리게 다가온다

싱그러운 산 내음
바람 숨은 계곡에 물소리 따라
산사로 가는 길
발걸음 사이로
꽃잎이 발아래 떨어져 길게 누워

한 때의
시간 위에
벗어던진 허물들이 뒹구는

나도 뒹군다

* 쌍계사 : 경남 하동군에 있는 절

겨울 편지

가야 한다고
억지웃음 털며
떠나야 한다고

아픈 가슴
한숨 사그라진
빈자리에 마음 담그고
조용히
잊고 살아가는 오늘

쓴소리 털어낸 나뭇가지에
취한 듯 살며시 박히는 언어들

첫눈이 내린다

잔치

오늘따라
유난히도 곱게
오색 치마에 주름살 감추고
수줍은 색시처럼 웃고 있는

지난 세월
젊음도 멋도 잊어버리고
살아가는 생각 하나로
발버둥 치며
파묻혀 지낸 덧없는 시간
이제 되돌려 담을 수는 없지만

살아온 날들 다 내려놓고
홀로 자식 등에 업혀
반짝이는 황금빛 날개
오늘은
두둥실
푸른 하늘을 날아본다

눈이 내리면

어스름 저녁
눈발 사이로
조그만 소망 하나 삼키고
쓸쓸히 서있는

이제는 바랄 것도
아쉬울 것도
몰아치는 아픔 감추고
기침소리 삼키는 어머니

오늘처럼 눈이 내리면
구수한 음성
가슴 녹여 주던
고향 집에 가고 싶다

추석

가을빛 퍼다 놓은
후덕한 아줌마
덤으로 주는 송편 받아 들고
돌아오는
길 건너
둥근달이 따라온다

뒷산 솔잎 한 바구니 씻어놓고
어머니 곁에 모여
조막만 한 손으로
웃음 재어보던 어린 시절

앞마당
나무 위에도
둥근달이 내려와 있었지

바람에 흔들리며
달빛따라 떠오른 얼굴들

새해

잠시 내려놓고
숨 내뱉으며
종종걸음으로 걸어온 길
되돌아보니

모퉁이마다
거친 바람 소리
동여맨 상처 위로
그림자 비틀거리는데

새삼스레 다져보는
마주치는 순간들이
오늘은
왜 이리 설레임으로 다가오는지

일상 속으로
솟아 오른
뽀얀 얼굴 하나

보리암에서

산 아래
남해바다는 운무雲霧에 가려
바람 소리만 오가는데
벼랑 끝에 우뚝 선
보리암
염불소리 정적을 깨우는
외로움 속에서
누구를 위해 염원을 세웠을까

세상을 오르는 구비마다
삶의 두께만큼
성내는 마음 어리석음
훌훌 털어내고
자비의 등불
그 너머로
님의 소리 듣는다

이제는

이제는
말하고 싶다
내면에 웅크린
말하지 못한
지난 시간을 풀어
깊이도 모르게 뒤엉킨
그 깊은 곳
부끄러움 마다하지 않고 달려들어
유령 같은 언어로
낯선 침묵을 깨부수고
아무도 모르게 굳어버린
너와 나의 벽
그 어디쯤에 남아 있을
곱던 흔적 한 움큼 토해 다정히
속삭이고 싶다

제3부

사는 것은

여인의 눈이 출렁거린다

보는 것인지
나를 보는 것인지

미술관 앞
알 수 없는 눈빛에 멈춰

남태평양 작은 섬
고갱의 타이티 여인들

하루가 일어선 모래밭에
질펀하게 쏟아 놓은 흔들림으로
살며시 풀어헤친

바다를 삼킬 듯
바라보는
검푸른 눈빛은 무얼 말하는지

열기에
꿈꾸는 가슴속
출렁거린다

신기한 사람

보면 안 보이고 안 보면 보이는 낮익은 목소리는 투박한 손길 지금의 존재를 알려주지만 어인 일인지 멀리 있을 때 더 잘 보입니다

희끗한 머리에 하나 둘 눈가의 잔주름이 늘어가지만 눈을 감고 있으면 젊은 날이 내게로 옵니다 순박한 눈빛 세련되지 않은 모습으로 노래 부르며 꽃 핀 산길에서 하얗게 웃음으로 건네준 한 줌 다발에서는 달콤한 향기가 났습니다 소설 속의 주인공을 논하던 그 입가에서는 하늘을 나는 새의 소리가 났습니다 그 싱그럽던 젊은 날의 기억들이 오늘 상큼하게 달려옵니다 당신은 언제나 안 보고 있을 때 더 잘 보이는 신기한 사람입니다

강물 위로

강 새벽안개로 피는 사이
작은 꽃등 흔들거리는 대로
뱃전에 앉아 나도 흔들거린다

어둠 속으로
떠나는 자에게 던지는
마지막 말처럼
갑자기 치솟는 불꽃에 강물은 맴돈다

앙상하게 뼈만 남은 사람이
누더기 옷을 걸치고
타다 남은 잿더미 곁으로 다가가
붉은 눈으로
삶을 물고 달아난다

히말라야 신들의 설산에서 흘러온 강물에 풀려
죽은 자는 돌아가고
그 물로 사람들은 남은 흔적을 닦는다

경계가 무너진 여기와 저기
모두 어디로 향해 가는 걸까
나는 어디로 가는 걸까

강물 위로 다시 아침이 떠오른다

※ 인도 갠지스 강가 화장터에서

꽃잎

낯선 바람은
허공을 맴돌다 가는데
홀로
깨진 틈 비집고 일어선
가녀린 여인은 떨면서

모국母國을 잃어버려
갈 곳 모르고 헤매던
아픔
안으로 감추고 묵언으로 서서

깊은 상처 씻어
꽃잎 하나
봄 햇살에 펼쳐놓는 그대는
누구의 숨결인가

注 ; 대마도 덕혜옹주 비 앞에서

늦은 봄

입춘 지나
꽃망울은 터지는
그늘진 눈 속에도
햇살이 내리는데

내 안으로 몰려온 바람은
거친 가지 때리듯 흔든다
늦은 눈발도 휘날린다

바래지지 않은 기억
쉬지 않은 맑은 목소리

개울 녹아 흘러도
비껴 멀리 흐르고
여린 풀잎도 숨어 눈을 피한다

멈출 수 없어
이제야
살포시 끌어안아주는 햇살
이제야
비틀거리며 일어설 수 있을까

바람

하늘까지 덮어버린 푸르름
진관동 나무 숲길을
쫓아오던 바람이 흔들다가
언제나처럼 앞질러 뛰어간다

작은 돌다리 건너
감자 밭고랑을 지나
노란 애기똥풀 제비꽃 핀 능선을 따라
산자락 끝 저만치
부쩍 커버린 상수리나무
거기서 멈춰
그 아래에 눕는 바람

푸른 물 뚝뚝
진관동 숲길만 들어서면 마중 나와
오늘도 풀썩이며
상수리나무에 달려가고 있다

싹

무슨 꽃일까 옆집 이사 가며 주고 간 화분 하나 무슨 꽃일까 궁금한데 봄이 와도 솟아오르지 않는다 추억으로 주고 간 화분 하나 다른 꽃나무 한 뼘씩이나 싹이 자라는데 이리저리 살펴봐도 싹이 올라오지 않는다 꽃삽으로 살짝 흙을 파 보았다 안 보인다 더 깊이 무엇인가 삽 끝에 닿는다 싹을 자른 걸까 살아 오르는 기운을

돌아앉아 있어도 온 귀가 화분에 돌아가 있다 소리를 기다리며 물을 주었다

노란 싹이 쏘옥 집안이 환하다 이름은 알 수 없어도 알 수 없는 대로 너는 노란 싹

바람 부는 날에는

바람 부는 날
편지를 쓴다
부치지 못한
이제는 기억에서
그리운 이의 선한 마음 그려

겨우내
머뭇거리다 쏟아낸
수많은 세상 얘기 얼룩진 너머로
언제나
눈물의 흔적
조금 울고 많이 웃을 수 있게
채우고 또 채워

우표 한 장 찍어
하늘 가까운
언덕 위
편지를 부친다

그날 밤

어둠이 내린 지 오래건만
장에 간
그는 돌아오지 않았다

생일 선물을 기다리며
설레던 마음은
그만 주저앉아
서성이는데

저만치
신작로 나무 밑
비틀거리는 낯익은 발걸음
목소리에 놀라
잡은 손 놓아버린

그가 집으로 들고 온 것은
바다였다

아, 다행이다

새벽을 흔드는
전화벨 소리

혹시 많이 아프신가
심장은 마구 뛰고
부질없는 상상은 날개를 달고
몇 초의 사이에서
하늘과 땅으로 넘나드는데

취기 오른 말로 더듬거리는
낯선 목소리

아, 다행이다

고장 난 불빛 아래
야윈 미소가 어른거린다

이사하던 날

정신없이
바쁜 시간 속에서
하루는 가고
쓸쓸함이 밀려오는
어둑한 저녁
아직 풀어놓지 못한
낯선 바람 속에
새로운 모습들이
왠지 서먹함으로 다가와

두고 온
이제 막 터트린 꽃잎
돌담에 담쟁이
세월 위로 물결치는 몸부림이
흔들거리는

어느새
몰래 따라와
환하게 얼굴을

그날 아침

세상이 멈춘 듯
바람 한 점 움직이지 않는
고요 속에 뒹구는
이른 아침
흔드는 전화 한 통
멀리 출장 중인 당신의 목소리
그리움 너머로
따사로운
푸른 물결이 춤추며
가슴으로 밀려온다

멈추어 서서

하루를 멈추어서
바라보던

바람에 흔들리면
그리움도 덩달아 고개를 들어

말없이 보던
아득하기만 한 하늘 저편

어느덧
가고 또 오고
나뭇잎 떨군 자리에
저녁 빗소리 수군거리는

기다려도 멈춰 닿을 수 없는
마음 덜어낸다

사는 것은

보이지 않는 곳에도
길은 있어

아득한
낯선 바람이 불어와
마음 휘젓고 가버리면
꼬물대던 소망의 몸짓
꿈꾸던 아이처럼
높이 솟은
푸른 하늘 바라본다

사는 것은
찾아가는 길

따스한 햇살 어깨에 머무는
떨림의 시간
비틀거리며
다시 그 위에 서있다

소나기

솔향기 퍼다
홍고추 대추 몇 알 띄워
담가 놓은
보물 같은 항아리

빗긴 햇살 사이로
갑자기
우두둑 떨어지는 빗방울

깜짝 놀라
수다 내팽개치고
비명소리 삼키며
집으로 내달리는데

어느새
빗소리 먹은
장독 속에 들어앉은
구름 속 햇살이
웃고 있다

오늘을

가리어
무심히 지나치고
흘려버린 것들을
찬찬히 들여다보려 해도
보이지 않던 저 끝
그림자 뒤에 모습들이
깊숙이 빗장을 뚫고
가슴으로 다가와
조용히 입 맞추며 설레게 하는
향기 퍼져가는
깊은 내음
이슬 먹은 풀잎 같은
지금 이 시간
오늘을 담는다

제4부

잊고 산다

그와 나

누군가 부르는 소리에 눈을 안개 금속성 소리가 스친다 매달린 전등이 점점 커져 덮칠 것 같기고 하고 자석처럼 그를 끌고 올라갈 것 같기도 하다 안개 손과 발이 움직여지지 않는다 빨간 시곗바늘이 멈추자 짙은 안개

눈을 떴다 의미를 지운 소리들이 어지럽게 오르내린다 그는 누구지 갑자기 칭칭 감은 얼굴이 확 뜨거웠다 그 뜨거움이 가만히 속살로 파고들어 그를 깨워 밖으로 몰아냈다

안갯속에 그는 누구일까 안개 밖에는

서서히 통증을 타고 둥둥 구름 위에서 떨어진다

균형

계단을 오르내릴 때 숨이 차다 운동을 해 보지만 쉽게 빠지지 않는 등살 나잇살 다이어트에 좋다고 해남 땅기운으로 자란 고구마 잘 씻어 균형 잡힌 양은솥에 넣고 삶는다 가득 찬 숨 토해내듯 뽀얀 김 내뿜는다 시장기를 몰고 오는 구수한 냄새

창문 넘어 이웃집 기웃거릴 때쯤이면
속은 익었나 젓가락으로 요기조기 찔러본다
손끝으로 전해오는 부드러운 속의 균형

얼마나 익어야 폭신폭신할 수 있을까
몸을 낮추면
나이에 맞게 포근할 수 있을까

빛 틈으로

저녁 찌개가 끓고 라디오에서 노래가 흘러나온다 비가 온 다음 날이면 서늘한 리듬에 묶여 싱크대에 묶여 창밖을 본다 남편이 퇴근해서 올 길을 눈길로 몇 번이나 쓸고 쓰는 사이 나뭇잎들이 창을 두드린다 손을 내밀면 손바닥을 타고 온 몸으로 젖어든다 리듬을 끊고 가을빛 틈으로 먼 곳으로 뛰어 나간다

이내 돌아서는

잠시 머물던 들판
남몰래 수런거리던
여린 잎 가득 그 빛들

하늘 담은 꽃 흔들어 보고는
이내 돌아서는

순리 앞에
가득 부풀던
그 속내 끝내 털어내지 못하고
가는 것이
괜스레
풀숲을 흔들고
초라한 마음도 흔들고

잊고 산다

무엇이 그리 바쁜지
종종걸음으로
하루를 보내고

가파른 계절이 지나
창가를 두드리는 낯선 소리에
고개 들어 바라본 하늘

지난
집으로 가던 산길에서
세상에서 가장 보기 좋은
산딸기

오늘은 바라보며
언제나 볼품없이 히죽거리던
논두렁 허수아비에

예전처럼
오늘도 별은 빛나는데
그리운 어제를 잊은 채
잊고 산다

능소화

언제쯤 오는지
가슴속에만 담고 있던
젖은 입술 터트리면
그리움
노을빛으로 쏟아져 내려

이제는 잊은 채
여름 햇살을 붙잡고
꽃으로
붉은 여인으로

돌담에 기대어
환한 얼굴 매달고
소망의 물결로 솟구쳐 오르는
능소화

산벚꽃

산에
핀 산벚꽃
부시다

엊그제 비바람에
저 아랫마을
꽃잎 다 졌다는데

한 뼘 거리
이제야
아낌없이 내어주는

봄 아침 씻어
말갛게
하늘이 웃고 있다

손가락에 봉숭아

토담 밑
예쁘게 핀
꽃잎 하나 따고
또 한 잎 따서

나란히
손가락 싸매던

행여 잠든 사이 빠져버릴까
실눈 뜨고 자다가
꿈속에서
빨갛게 물들이던

물들여 주고픈
그 꽃물

소녀

바람은
품을 떠나
이곳으로 온 것일까
젖은 눈망울에 고여

설픈 손짓 하나에도
꽃처럼
밝게 웃어주는 순연함

마음으로
토닥여 건네준 한 줌에
빛나던 눈빛

끝에
손바닥만큼 한 자락 잡고
파란 바람 속에서
꿈을 꾸는지

눈발 사이로

하루에도
수없이 열리고 닫히는
이름 모를 세상

세상을 살아가야 하는
때론 열리지 않는
문고리를 손에 잡고
몸부림에
할퀴고 간 상처

지친 하루
초라한 문틈으로
내일을 바라보며
헛웃음 짓지만

겨울 지나
어김없이 달려와
밤새
쏟아져 내린 눈발 사이로
문이 열렸다

동화처럼

물장난 치다
물살에 떠밀려
허우적대던 사이로

저만치
소나기 지나간 자리에

시작인지 끝인지
펼쳐진 이야기
소리 삼킨 그곳에
천진스럽게 웃고 서있는

스쳐가는 바람으로
지나간 동심
아직도
발밑에 머무는 그림자

피서법

여름
햇살과 씨름하던 일상에
카톡이 실어다 준
사진 한 장

아련히 떠오르는 기억 밖으로
상큼하게 웃으며
다가오는 앳된 얼굴들

가슴에 꿈꾸던
산과 바다
설레던 영화처럼

들려오는 파도 소리에
잠시
지나간 바닷속으로 빠져 본다

하염없이

— 천안함 추모식에서

지우고 싶은
기억 속으로
헤집고 달려드는
그 날의 울음소리

하얀 꽃 속에
아리도록 해맑은 얼굴들
바람 되어
다시는 돌아올 수 없는 길

이름 잊지 못해
입술 깨무는

그 아픔을 아는지
하늘에선
비가 하염없이 내리고 있다

드라마처럼

약속도 없이
우연히 친구를 만나던 날
시청 앞 카페에 앉아
낡은 기억들 하나 둘 꺼내어
커피 잔에 섞어본다

끊임없이 피어오르는

오랜만에
수다 보따리
그녀의 탁해진 눈 속
무너진 시간이 지나간다

여자의
하루가 지나간다

체면

오늘따라 길어지는 자리
현금만 받는다는 포장마차 아줌마
그 말을 듣자 괜히 목이 타들어 가
난 충혈된 눈으로 벽에 붙은 가격표
주머니 속 지폐를 맞추어 본다
덧셈은 있으나 뺄셈이 없는 계산법
신이 난 후배들이 한 병 추가요 외칠 때마다
자꾸 가격표를 쏘아 오르고 내리고
한번 쏜다고 큰소리쳤는데
얼굴 구기지 않으려고
셈 더해 보고 또다시

모두 숨어버린 밤
늦가을 나뭇잎처럼 흔들며 가다
괜찮냐고 묻는다
주머니 속에서 동전 서너 개가 쓸쓸하게 찔렁거린다

베갯잇 자수를 보며

오색실에 꿰어
한올 한올 정성으로
예쁘게 수놓은 베갯잇 속의 비밀

가진 것은 없어도
신혼을 향기로 가득 채워주던
곱던 그 시절도
꽃바람 날리며 가는 세월 앞에선
어쩔 수 없어
삶의 흔적
화석처럼 묻혀가는 빛바랜 모습들

잠시 멈추고
장롱 속 베개를 보며
떠나간 시간 속을 걸어 본다

제5부

당신의 이름

언제 만나도

언제 만나
잊은 듯해도
마주치면 설레는 얼굴

세월에 물든 머리칼 사이로
순한 미소

눈을 비비며 졸던
딸아이에게
구구단을 읊어 주던 것이
엊그제 같은데
시집보내고
돌아서서 아픔 훔치는

삶의 귀퉁이에
안타깝고 힘든 시간조차
환한 웃음으로
그림처럼 아름답게 그려낼 줄 아는

내 별명을
투박하고 멋없이 불러도
그저 정겹고 행복한 이야기

언제 만나도

나무는

— 삶이

매일 아침
털어버리고
처연하게
하늘 끝에 기대어 선 나무

지난날
맑은 세상에
몰래 그리던 잔잔한 마음
덧없이 가버리면
홀로 서서

이제는
그 상처도 사랑한다
나무는 말하네

누구유

앞마당에 들어서면
언제나 두 팔 벌려 안으며
어서 오너라
환하게 웃음 반기시던

오늘은 본체만체
초점 잃은 눈으로
먼 곳만 바라보신다

아무도 모르는 사이
하나 둘 놓아버린 시간들

그저 종종걸음으로 살아온
세월의 깊이를
짚어보려는 마음으로
온종일
빈 하늘 구름 몇 점을

안타까움에 살며시 내민 손
놀라 뿌리치며
누구유 하신다

비

빗속을 걷는다

젖어오는 가슴속
언젠가는
청아한 목소리로
달려올 것 같은
허상 안고
아픔을 털어내던 발걸음 뒤로
부질없이 일렁이는

너와 나
아득한 시간의 흔적을
하나씩 씻어 준다

종소리

무얼 했는지
꺼내 보이고 싶은
기억도 가물가물하게
허무한 날들 보내고
새 날을 맞이하는 종소리에
귀 기울이는

그칠 줄 모르는
세상 소리는
마음을 할퀴고
어수선한 오늘은 휘청대는데
쏟아지는 환호성 뒤로
덤덤하게 달려와
흔들어 깨우는

별을 보며
내일을 꿈꾸는 그 날
서로를 사랑하는
맑은 종소리
새해에는 세상 가득

치자 향기

몇 번의 이사로
구석방으로 몰려 먼지 뒤집어쓴 책
책을 들고 무심코 펴자
마른 꽃잎 하나 뚝 떨어진다

"이 어여쁜 꽃을 꺾어 가소서
지체 마소서
꽃이 시들어 땅에 떨어질까 저어하나이다"*

네 잎 클로버를 쫓아가던 그대로
순한 눈
너의 집 앞마당에 가득 피었던 하얀 치자꽃에
손을 흔들고
낯선 이국
아르헨티나로 아틀란트로 떠났지

네 얼굴이 희미해질수록
치자 향기 번진다

* 타골 시선 《기탄잘리》 중에서

꽃잎 하나

톡톡
바람 따라서
거리로 나섰다
어디에 있을까

광화문 세종로 휘돌아
발자국 위에 수없이 발을 찍어보고
배인 사람들 옷자락 속을 기웃거려도
동상 앞에서 인파에 밀려도
찾을 수 없다

마음을 지우고 힘없이 돌아오자
저녁 햇살 쏟아진 베란다에
방금 꽃잎 하나 패랭이꽃
파르르 떤다

출렁

출렁거리며 누군가 나를 따라오고 있다 시장에 가도 집에 와도 사라지지 않는다 고갱이 해변에 앉힌 두 여인의 눈빛을 한 하루를 세운 모래밭에 질펀하게 쏟아지는 햇살 검푸르게 바다를 벼리는 푸른 가슴의 그

출렁 자신을 유혹해 보라고 강한 카리스마를 가져 보라고 푸른 열기를 몰아 그가 휘몰아친다

프라하는 나를 나에게로 보내고 있다

낯선 바람 따라나선 곳에도 저녁노을이 번진다 마지막 햇살 녹아든 저녁 강물이 프리하를 안고 흐른다 수많은 사람들 발길이 머문 구시청사 천문시계* 창문 하나 열고 칼과 책을 든 사도 바울이 다른 창문 열고 열쇠를 든 사도 베드로가 풀어버릴 시간을 알린다 오늘도 종소리에 맞춰 그 속으로 걸어간다 무엇이 기다리고 있는지 알 수 없지만

성상에 터지는 플래시 빛 사이 흘러가는 블타바 강 강물처럼 출렁이는 인파 노을에 젖은 다리 낡은 드레스를 입은 중년 여인이 노래를 부른다 아베마리아 흐르는 강물 그 강물에 밀려가던 내게도 노을이 든다

* 천문시계 ; 체코의 수도 프라하 구시청사에 있는 시계

12월

하루하루에
얼마나 많은 일이 있었는지
씩씩한 바람이 몰아치던 밤은
어찌 지나갔는지

어지러운 세상 잠시 잊은 채
유난히 쓸쓸한 거리의 불빛에
마음 깨워
어딘지 알 수 없이 밀려와
오늘을 되돌아보는

잘한 일보다는
모자람이 때리는 후회 앞에
웃음기 잃어버린 얼굴

여과지를 통과하는 시간처럼
거르고 덜어내며
비워가는 시간
12월이 앞에 서있다

왼손잡이

왼손잡이 차례상은
예禮가 아니라고
사람은 오른손을 써야 한다는
따가운 말씀에
숟가락을 잡는 순간
무섭게 손등을

때론 배 아프다
학교 늦었다 굶기도 하고
몰래 울기도 하며
오른손 글씨
숟가락질 연습하던 어린 시절

오늘은 할머니 제삿날
반 왼손잡이가 만든 호박전 녹두전
참기름 깨소금 무친 숙주나물
회초리가 손등을 때린다

카톡방

카톡 카톡
서울
제주
멀리 뉴욕에서

보이는 듯
보이지 않게 둘러앉아
펼쳐놓는
세상 소리

기쁜 일 슬픈 일
함께 울고 웃으며
수다 보따리 속으로
지칠 줄 모르고 넘나드는
주름진 얼굴들

오늘도
정답게 카톡 카톡

당신의 이름

아침
젖은 빛 사이로
어른거리는 얼굴
지친 하루 내려놓고 가버린
그 모습 찾아
어디에 있냐고 물으면
말없는 아득함으로
되돌아오는 메아리
안갯속으로
당신의 이름이
자꾸만 멀어집니다

여행

살다 보니
모르는 내 안에 일들이
나를 잡고 흔들어
소리 없이 밀려오는 아쉬움에
수많은 날들
익숙해진 오늘을 찾고 싶어

낯선 세상
이 거리 저 골목을 걷고 걸으며
가슴속 짐
하나 둘 내던지는 길 위로
어느새 발길 보채는
저녁 햇살이 내려와 앉는다

세상살이

시 한 줄 쓰려
온종일 쥐어짜도
머릿속은 하얀 꽃잎 하나

하얀 종이 위에
이름 석 자 써 놓고
멍하니 하늘 바라보며
가슴만 두드리는데

누군
세상에서 거저 얻는 것 있나
귓가를 맴도는
무언의 소리
나를 후려친다

작품해설

양채운 시의 현재와 그 가능성

양채운 시의 현재와 그 가능성
— 양채운의 시집 《맷돌》론

송 명 희
(문학평론가, 부경대학교 명예교수)

1. 올레길 산책의 장소감

문학에 있어서의 장소는 물리적이고 객관적인 장소가 아니라 인간이 구체적으로 체험하는 내면적이고 주관적인 장소, 즉 현상학적 장소이다. 시에서 장소는 인간의 내적 세계를 반영하는 은유이고 상징이기도 하며, 다른 한편에서는 시대와 사회에 대한 시인의 대응의식을 나타내는 사회적 생산물이기도 하다.

양채운의 시에서 〈올레길〉 시리즈가 보여주는 '제주 올레길' 의 장소감과 산책자로서의 기억은 주목을 요한다.

노을빛 가득
바다는 어느새 하늘이 되고
건져 올리는
길 따라가며
정신없이 밀려와
미쳐버리지 못한
안에 나를 떨구고
바람이 주고 간 말 새기며
발자국 그 숨결 너머
또 다른 세상을 돌아서
당신에게로 갑니다
바닷소리 가슴에 싸안고
파도처럼 출렁이며
수평선 너머에

– 〈올레길 1〉 전문

'올레길' 에서 화자는 주관적이고 내적인 황홀한 체험을 하게 된다. 그것은 올레길이라는 장소의 풍광 그리고 화자가 바닷길을 걸으며 그만이 듣는 바닷소리나 바람 소리 같은 것들이 환기하는 그 무엇이다. 바다와 하늘이 노을 빛깔로 장엄하게 물드는 일몰의 시간에 올레길을 걷는 화자는 "또 다른 세상을 돌아서/당신에게로 갑니다"라고 현실을 벗어난다. 또 다른 세상을 돌아서 가고 싶은 '당신' 이란 그가 걷는 올레길이 아니라 "수평선 너머에" 존재하는 어떤 절대적 대상 또는 그리움의 대상일 것이다.

해는 바다로 숨고
파도 소리만
허전한 마음을 휘돌아

그리운 이름 하나
정박된
어둠 속에서
밀려오는 파도 소리에
속삭이는
당신의 소리를 듣습니다

기울여도
알 수 없는
신비의 언어로

세상 걱정일랑 없을
맑은 소리로
얘기를 하고 있는

자꾸만
가슴 출렁이는

– 〈올레길 2〉 전문

〈올레길 2〉에서 이제 바다는 놀빛도 사라지고 어둠에 잠겨 있다. 어둠에 잠긴 바다는 시각적 감각보다는 청각적 감각을 보다 강하게 환기한다. 화자는 밀려오는 파도 소리를 들으며 그리운 대상의 이름을 떠올리는가 하면 파도 소리와 함께 밀려오는 그리운 이의 목소리를 듣는다. 마치 목소리는 귀 기울여도 알 수 없는 신비의 언어와 맑은 소리로 세상 걱정일랑 하지 말라고 화자에게 속삭이는 것 같다. 화자는 그 청각적 이미지에 이끌려 들어가며 파도의 출렁임처럼 "자꾸만/가슴 출렁이는" 설렘을 느낀다. 그리운 당신이 들려주는 소리는 사랑의 밀어처럼 화자의 가슴을 자꾸만 설레게 만들고 어루만져 준다.

이 길로 가면
만날 것 같은
기억을 쫓아
발걸음 멈춘
그 바닷가

밀려왔다 부서지는
파도 소리에
오늘도
가슴 출렁이는
그리운 그대는 보이지 않고

저만치
추억을 헤집는
물새 소리만

－〈올레길 3〉 전문

하지만 〈올레길 3〉에 오면 화자는 그를 설레게 만든 존재가 실재하는 대상이 아니라 기억과 추억 속의 대상일 뿐이라는 것을 자각한다. 사랑의 밀어처럼 속삭이던 파도 소리조차 '저만치' 라는 미적 거리를 형성하며 추억을 헤집는 물새소리로 바뀌고 있다. 설렘을 갖고 걷기 시작한 올레길에서 화자는 먼 과거의 추억 속 그리운 대상을 잠시 떠올려보지만 결국은 현실로 복귀할 수밖에 없다.

화자의 올레길 산책은 발터 벤야민(Walter Benjamin)이 말한 '산책자' 라는 단어를 떠올리게 한다. 그가 말한 산책자는 보행자, 부랑아, 철학적 산책자 또는 군중, 구경꾼과도 구분되는 개념이다. 산책자는 관찰하고 성찰하는 자로서 자기만의 내면을 지닌 존재이다. 양채운 시인의 시에서도 산책자(화자)는 관찰하고 성찰하는 자로서 자기 내면의 흔적을 찾아 올레길을 걷고 있다. 올레길 산책에서 제주의 바다라는 장소는 지나간 시간 층이 얽혀 있는 기억의 공간으로 제시된다. 황혼녘의 시간부터 어둠에 바다가 완전히 잠기기까지의 시간적 경과 속에서 화자는 추억 속의 그리운 대상을 소환하고 그리운 이가 속삭이는 사랑의 밀어를 듣지만 이내 현실로 복귀하며 그리운 대상의 부재를 확인한다. 그 사이 밀어처럼 화자의 귀에 속삭이던 파도 소리도 현실을 일깨우는 물새 소리로 바뀌어져 있다. 화자가 느끼는 마음의 허전함 또는 잔잔한 여운은 올레길 연작 세 편에서 "수평선 너머에", "가슴 출렁이는", "물새 소리만" 처럼 종결어미의 서술어와 마침표가 생략된 마지막 행이 반복된 데서도 잘 드러나고 있다.

인본주의 지리학자 에드워드 렐프(Edward Relph)는 장소감이란 용어를 통해서 인간이 장소를 어떻게 자각하고 경험하고 의미화하는가를 밝혀냈다. 그는 장소를 긍정적이고 진정한 장소감(sense of place)을 일으키는 장소와 부정적이고 진정치 못한 장소감을 일으키는 장소로 구분했다. 이 둘을 나누는 기준은 인간이 장소와 맺는 관계, 즉 장소 경험이 능동적이고 주체적인가, 아니면 수동적이거나 강제적이거나 관습화된 것인가이다. 다시 말해서 인간이 장소에서 소외되어 있는가의 여부이다.

〈올레길〉연작에서 산책자는 바다와 하늘이 놀빛으로 물들다가 어둠에 잠겨가는 장엄한 풍경 속을 걷는다. 그리고 어쩌면 그 옛날 그 장소를 함께 걸었을지도 또는 그렇지 않았을 수도 있는 그리운 대상을 떠올리고 잠시 추억에 잠겨본다. 이때 장소와 인간은 일체화되어 있다. 즉 화자는 올레길에서 진정한 장소감을 느낀다. 하지만 이내 그리운 대상은 추억 속의 존재일 뿐 현실 속에는 부재하는 대상이라는 사실을 깨닫는다. 올레길을 산책하는 일몰의 시간만큼이나 짧은 동안에 경험한 자연, 주체, 그리고 그리운 대상과의 일체화…. 화자에게 올레길은 그리운 이를 기억해내고 아름다운 추억을 소환하는 내면의 장소였다. 그리고 그곳에서 산책하는 시간은 황홀한 미적 체험을 가능하게 한 한순간이었다. 이제 바다는 황홀했던 노을도 사라지고 완전한 어둠에 잠겼다. 그의 내면 속에 간직했던 추억도 잠시 열렸다가 다시 닫혔다.

2. 어머니라는 대상관계에서 형성한 사랑과 신뢰

정신분석학의 주요 이론 중 하나인 대상관계이론(object-relations theory)은 인간 주체를 독립된 개인이 아니라 외부 대상 또는 타자와의 상호작용 속에 존재하는 것으로 파악한다. '대상관계' 라는 개념은 지그문트 프로이트(Sigmund Freud)에 의해 처음 제안되어 멜라니 클라인(Melanie Klein), 마가렛 말러(Margaret Mahler) 등에 의해 구체화되었다.

이 이론은 생애 초기에 어머니 등 양육자와 형성한 관계에서 비롯된 경험이 개인이 전 생애 동안 타인을 지각하고 이해하며 관계를 형성하는 기본 틀로 작용하며, 이것이 일생 동안 반복해서 재현된다고 본다. 따라서 현재의 인간관계는 과거의 양육자와 형성된 관계에서 영향을 받는다고 보기에 생애 초기에 형성되는 양육자와의 관계는 매우 중요하다. 즉 어린 시절 마음속에 내재화된 타인에 대한 이미지 혹은 타인과 맺는 관계에 대한 이미지는 평생을 두고 반복된다는 것이 대상관계이론이다.

미국의 대상관계 이론가들은 자기 개념의 출현이 신뢰감에 뿌리를 두고 있다고 보았다. 아동은 양육자의 일관성 있는 반응을 바탕으로 신뢰감을 형성하면서 자기 개념을 구축하는데, 이때 양육자와의 관계에서 형성한 신뢰는 외부 세계에 대한 신뢰로 이어진다.

미국의 대상관계이론에 깊은 영향을 준 에릭 에릭슨(Erik Erikson)은 어머니의 존재와 부재를 바탕으로 '기본적 신뢰' 가 형성된다고 주장했다. 아동은 어머니의 부재에 대처하고 어머니가 돌아올 것이라는 신뢰감을 키우는 것을 배워야 한다. 이 시기에 기본적 신뢰를 확립한 아동은 성장하면서 자유롭게 자신의 세계를 구축할 수 있다.

아동은 자신의 정서를 이해하고 수용하는 양육자의 표정을 통해 사랑, 공포 등의 감정을 배운다. 아동의 욕구에 대한 양육자의 반응이 충분할 때 아동의 민감한 정서 발달이 가능하며, 양육자가 아동의 욕구를 거부하면 아동은 다른 사람과 정서적으로 접촉할 수 없는 상태로 방치된다. 인간적 접촉을 위한 아동의 노력이 반복적으로 좌절되면 아동은 신뢰감을 형성하지 못해 세계를 황폐하고 가혹한 것으로 인식하게 된다. 따라서 양육자와 아동의 상호이해와 감정의 공유는 안정된 자기 개념의 형성에 반드시 필요하다.

대상관계이론을 다소 길게 설명한 이유는 양채운의 시세계를 해명하는 데 있어 이 이론이 중요하다고 생각했기 때문이다. 그녀의 시에는 '어머니' 라는 대상이 빈번하게 제시된다. '어머니' 는 그녀 시의 중요한 시적 표상이다. 현재 그 어머니는 인지능력이 저하된 늙고 무력해진 존재로서 시적 화자는 연민과 사랑의 감정을 반복적으로 표출하고 있다. 하지만 과거 어린 시절 양육자인 어머니라는 대상과의 관계에서 구축된 사랑과 신뢰는 현재까지도 화자가 타인과 세상에 대한 깊은 신뢰를 형성하도록 영향을 미쳐왔다.

새벽잠 떨구며 차린
맛있는 미역국을
늦잠으로 밀어놓고
서둘러 학교로 향하던
대문 앞 모퉁이에서
젖은 미소 훔치며
쓸쓸히 바라보던
어머니의 그 모습이
오늘
생일상 촛불 속에서
가늘게 떨고 있다

– 〈생일날〉 전문

화자는 생일날을 맞아 과거의 한 장면을 선명하게 떠올린다. 화자의 기억 속에 스틸 컷으로 각인된 어머니의 모습은 생일날 아침 새벽잠을 설치며 끓여주신 맛있는 미역국을 먹지 못하고 학교로 총총 달려가는 딸을 "대문 앞 모퉁이에서/젖은 미소 훔치며/쓸쓸히 바라보던" 장면이다. 이 기억 속의 지울 수 없는 이미지가 그녀의 평생을 지배하는 것이다. 즉 화자가 어머니의 사랑에 제대로 응답하지 못해도 어머니는 언제나 따뜻한 사랑으로 지켜보고 있다는 신뢰감은 이후의 세상살이에서 화자를 안정과 신뢰 그리고 자존감을 지닌 인간으로 성장하게 만들었다. 그리고 타인에 대한 수용과 공감의 태도를 갖도록 영향을 미쳤다.

어디로 가야 하나
눈을 크게 뜨고
쏟아지는 가을 햇살 속으로
산길 돌아
들길을
이름 없는 길에 서성이다가

늘 채우려다
빈 가슴 안고 돌아온 일상
손잡아
마음 일으켜주는

어머니의 따뜻한 그 손
세상 하나뿐인

– 〈세상 하나〉전문

〈세상 하나〉라는 시는 시인 양채운이 생애 초기에 어떻게 대상관계를 형성했었는지를 잘 보여준다. 시적 화자는 세상 속에서 "어디로 가야 하나"라는 방황과 갈등 속에 놓여있다. 그래서 "눈을 크게 뜨고" 산길과 들길을 서성이며 어디로 가야 할지 방황한다. 그러한 방황과 갈등 속에서 화자는 "늘 채우려다/빈 가슴 안고 돌아온 일상"처럼 공허함만이 가득한 상태가 반복된다. 그런데 화자가 겪는 방황과 좌절을 일으켜 세워주는 세상에 단 하나뿐인 존재가 바로 '어머니' 이다. 어머니의 따뜻한 손은 늘 세상 속을 헤매다가 지쳐 돌아온 화자의 공허한 마음을 어루만져주는 치유의 기능을 담당해왔다. 화자는 세상살이에 좌절하고 절망했을 때에 어머니가 내밀어준 따뜻한 손길로 위로받고 힘을 회복하여 다시 세상 속으로 나아갈 수 있었던 것이다. 만약 어머니라는 대상과의 관계에서 신뢰를 형성할 수 없었다면 좌절과 절망을 딛고 다시 일어나서 세상에 대한 신뢰를 회복하기는 어려웠을 것이다.

신프로이트 학파인 카렌 호니(Karen Horney)는 인간의 기본불안은 안정, 신뢰, 사랑, 온정이 있는 가정에서 양육됨으로써 최소화될 수 있다고 했다. 시적 화자가 들길과 산길을 서성이다가도 집으로 돌아와 다시 안정, 신뢰, 사랑, 온정을 회복할 수 있는 것은 바로 어린 시절 어머니로부터 사랑과 신뢰의 대상관계를 형성했기에 가능했다고 할 수 있다. 만약 어린 시절 양육자인 어머니와의 관계에서 신뢰감 형성에 실패했다면 화자는 세계를 황폐하고 가혹한 것으로 인식하며 절망과 좌절의 늪에서 헤어 나오지 못하였을지도 모른다.

우리네
그 모습 가슴속 다가오면
맷돌을 꺼내어
어수선한 세상을 간다

뽀얗게 흘러내리는 일상을 꿈꾸는
투명한 시간 속으로 흐르다보면
웃음소리
그리워하던 손맛
추억도 섞이어

구수한 냄새 담을 넘고
달려들던 밥상
땀에 젖은
세월과 함께 돌고 돌아온 숨결

힘없이
초점 잃은 눈으로
바라만 보는 어머니의 앞치마

— 〈맷돌〉 전문

〈맷돌〉이라는 시의 "구수한 냄새 담을 넘고"에서 담을 넘은 것은 맷돌로 갈아 만든 구수한 음식 냄새만은 아닐 것이다. 구수한 냄새는 후각적 감각을 넘어서서 어머니의 사랑에 대한 공감각적인 심상이다. 일찍이 어머니로부터 충분한 사랑을 받고 신뢰 관계를 형성하였기에 화자는 세상에 대해서도 신뢰감을 가질 수 있었다. 시인은 그것을 구수한 냄새가 담장을 넘어 보다 넓은 세상으로 퍼져 나가는 것으로 비유한다. 즉 어머니라는 대상관계에서 형성한 신뢰감은 가족이란 울타

리를 넘어 타인과 세상에 대한 신뢰로 확장되어갈 수 있었던 것이다. 그래서 화자는 세상의 어수선함을 느낄 때마다 마음 속에 간직한 어머니의 사랑을 상징하는 '맷돌' 을 생각하게 되고 어느덧 마음에 맺혔던 응어리가 풀어지게 된다. 하지만 안타깝게도 이제 어머니는 "힘없이/초점 잃은 눈으로/바라만 보는 어머니의 앞치마" 처럼 늙고 건강을 잃은 상태이다. 따라서 화자의 마음은 어머니에 대한 연민으로 몹시 아프다.

이번 시집에서 어머니라는 시적 표상이 자주 반복되는 것은 그만큼 어머니에 대한 감정이 절실하고 깊다는 의미이다. "일어서면 초점을 잃은 눈 몸으로/지치고 주름 깊어 말 더듬더듬/그 슬픈 얼굴"(〈치매〉부분)에서처럼 화자는 나약한 인간으로서 어머니의 생로병사에 관여할 수 없는 속수무책의 무력감과 깊은 슬픔에 휩싸여 있다. 현재 화자가 건강을 잃은 어머니에 대한 깊은 연민과 사랑을 가질 수 있었던 것도 일찍이 어머니로부터 받았던 무한한 사랑과 신뢰가 있었기에 가능한 것이라고도 할 수 있다.

손잡고 내딛던
그 길엔
아름답게 핀 꽃이 있어

수없이 흔들리며
견뎌야 하는 오늘

평범한 일상에
씨앗을 뿌리고 싹을 틔우는
고달픈 길
서로 기대어 다독이던 세월

어느덧
주름이 하나 둘
기쁨과 슬픔의 언저리
훙터 자국
훈장처럼 매달고
오늘도 마주보며 서있는 그대

– 〈부부〉 전문

〈부부〉라는 시가 보여주듯이 타인들이 만나 결혼하여 가족을 이룬 부부가 긴 세월을 살아오는 길은 결코 순탄치만은 않다. 그 길은 "수없이 흔들리며/견뎌야 하는 오늘"이라는 시구가 나타내듯이 수많은 흔들림과 인내를 요구하며, "씨앗을 뿌리고 싹을 틔우는" 것처럼 끊임없는 노력과 정성을 요구하는 고달프기 그지없는 여정이다. 그럼에도 "서로 기대어 다독이던 세월"처럼 긴 세월을 서로 다독여가며 기쁨과 슬픔을 공유한 결과 "훙터 자국/훈장처럼 매달고" 성공적으로 가정을 영위해 올 수 있었다. 그리고 오늘도 등을 돌리지 않고 마주설 수 있게 된 것이다. 즉 원만한 부부관계를 유지해 올 수 있었던 것도 다름 아닌 어린 시절 양육자인 어머니라는 대상과의 관계에서 형성했던 사랑과 신뢰, 그리고 상호 이해를 할 수 있는 공감능력을 가질 수 있었기에 가능했다고 할 수 있다.

3. 산문시의 가능성과 낯설게 하기

이번 시집에서 특별히 주목되는 현상의 하나는 양채운 시인의 산문시의 성공 가능성이다. 〈신기한 사람〉, 〈싹〉, 〈그와 나〉, 〈균형〉, 〈빛 틈으로〉, 〈출렁〉, 〈프라하는 나를 나에게로 보내고 있다〉 등의 산문시는 양채운 시인의 또 다른 시적 가능성을 보여준다.

산문시(prose poem)는 일정한 운율을 갖지 아니하고 자유로운 형식으로 내재율內在律의 조화만 맞게 쓰는 산문 형식의 서정시이다. 위에서 열거한 산문시들은 그 속도와 간격이 산문처럼 이어지며 거침없이 진행되어 호흡이 빠르게 읽힌다. 따라서 감정도 급박하게 이루어져 오히려 절제와 압축을 기본으로 하는 다른 시들보다 자유분방함과 긴장감을 조성한다.

출렁거리며 누군가 나를 따라오고 있다 시장에 가도 집
에 와도 사라지지 않는다 고갱이 해변에 앉힌 두 여인의
눈빛을 한 하루를 세운 모래밭에 질펀하게 쏟아지는 햇살
검푸르게 바다를 벼리는 푸른 가슴의 그
출렁 자신을 유혹해 보라고 강한 카리스마를 가져 보라
고 푸른 열기를 몰아 그가 휘몰아친다

—〈출렁〉 전문

낯선 바람 따라 나선 곳에도 저녁노을이 번진다 마지막 햇살 녹아든 저녁 강물이 프리하를 안고 흐른다 수많은 사람들 발길이 머문 구시청사 천문시계 창문 하나 열고 칼과 책을 든 사도 바울이 다른 창문 열고 열쇠를 든 사도 베드로가 풀어버릴 시간을 알린다 오늘도 종소리에 맞춰 그 속으로 걸어간다 무엇이 기다리고 있는지 알 수 없지만 성상에 터지는 후레쉬 빛 사이 흘러가는 블타바강 강물처럼 출렁이는 인파 노을에 젖은 다리 낡은 드레스를 입은 중년 여인이 노래를 부른다 아베마리아 흐르는 강물 그 강물에 밀려가던 내게도 노을이 든다.

– 〈프라하는 나를 나에게로 보내고 있다〉 전문

위에 인용한 두 편의 산문시는 시의 내용과 산문의 형식이 상호 조응하면서 시적 효과를 배가시킨다. 〈출렁〉에서처럼 하루 종일 나를 따라오는 유혹적인 시선으로 인한 내면의 출렁임을 표현하는 데는 감정을 절제하지 않고 풀어놓는 산문시가 제격이다. 현재의 시간과 고갱의 회화 속 장면의 오버랩, 그리고 〈프라하는 나를 나에게로 보내고 있다〉에서 프라하라는 도시의 천문시계를 두고 상상된 성서 속의 시간과 현재의 시간의 병치도 시적 시간을 낯설게 만든다. 서로 연관이 없는 장면과 시간들을 병치시킴으로써 얻는 낯설게 하기의 효과는 시적 긴장감을 높여준다. 산문시의 새로움이 신선하게 다가왔고, 앞으로 시인이 산문시에 주력해 보는 것도 좋을 것 같다는 생각이 들었다.

계간문예시인선 130

양채운 시집_ 맷돌

초판 인쇄 | 2018년 3월 25일
초판 발행 | 2018년 3월 30일

지 은 이 | 양채운
회 장 | 서정환
발 행 인 | 정종명
편집주간 | 차윤옥

펴낸곳 | 도서출판 **계간문예**
편집부 | 03132 서울 종로구 삼일대로 30길 21 종로오피스텔 808호
주소 | 03132 서울 종로구 삼일대로 32길 36 운현신화타워 305호
전화 | 02-3675-5633, 070-8806-4052
팩스 | 02-766-4052
이메일 | munin5633@naver.com
등록 | 2005년 3월 9일 제300-2005-34호
ISBN 978-89-6554-178-3 04810
ISBN 978-89-6554-118-9 (세트)

값 10,000원

이 도서의 국립중앙도서관 출판예정도서목록(CIP)은 서지정보유통지원시스템 홈페이지(http://seoji.nl.go.kr)와 국가자료공동목록시스템(http://www.nl.go.kr/kolisnet)에서 이용하실 수 있습니다. (CIP제어번호: CIP2018009378)